गांव से शहर की ओर

कुछ अन्य कविताएं शामिल

भरत सेन

"महिलाओं की स्वतंत्रता, समानता और सुरक्षा के लिए
जीवन को समर्पित कर चुकी महिलाओं को समर्पित।"

क्रम-सूची

प्रस्तावना

"समाज के पिछड़े तबके और कुरीतियों से निकलने का संदेश और जीवन में कुछ कर दिखाने के लिए जज्बे के साथ महिलाएं किस तरह आसमान छूने की काबिलियत रखती है वर्णित किया गया है। साथ ही कविताओं में मनोरंजन के साथ कुछ संदेश भी समाहित किया गया है।"

आमुख

गांव से शहर की ओर

1

इश्क की तस्वीर

2
रेत के टीले

3

हिमालय की चादरें

4

मोर की मधुरता

5

अनसुनी आवाज

6

खिड़की का पर्दा

7

चाय के कुल्हड़

8

बुलाती किताबें

9

फूलों की क्यारियाँ

10

पराक्रम के वीर